This Planner Belongs To

CONTACTS

Name	Number	Address

VIP CONTACTS

Name

Address

City   State   Zip

Phone

Email

Name

Address

City   State   Zip

Phone

Email

Name

Address

City   State   Zip

Phone

Email

Name

Address

City   State   Zip

Phone

Email

Name

Address

City   State   Zip

Phone

Email

Name

Address

City   State   Zip

Phone

Email

Name

Address

City   State   Zip

Phone

Email

Name

Address

City   State   Zip

Phone

Email

Name

Address

City   State   Zip

Phone

Email

Name

Address

City   State   Zip

Phone

Email

2022 Calendar

January

S	M	T	W	T	F	S
						1
2	3	4	5	6	7	8
9	10	11	12	13	14	15
16	17	18	19	20	21	22
23	24	25	26	27	28	29
30	31					

February

S	M	T	W	T	F	S
		1	2	3	4	5
6	7	8	9	10	11	12
13	14	15	16	17	18	19
20	21	22	23	24	25	26
27	28					

March

S	M	T	W	T	F	S
		1	2	3	4	5
6	7	8	9	10	11	12
13	14	15	16	17	18	19
20	21	22	23	24	25	26
27	28	29	30	31		

April

S	M	T	W	T	F	S
					1	2
3	4	5	6	7	8	9
10	11	12	13	14	15	16
17	18	19	20	21	22	23
24	25	26	27	28	29	30

May

S	M	T	W	T	F	S
1	2	3	4	5	6	7
8	9	10	11	12	13	14
15	16	17	18	19	20	21
22	23	24	25	26	27	28
29	30	31				

June

S	M	T	W	T	F	S
			1	2	3	4
5	6	7	8	9	10	11
12	13	14	15	16	17	18
19	20	21	22	23	24	25
26	27	28	29	30		

July

S	M	T	W	T	F	S
					1	2
3	4	5	6	7	8	9
10	11	12	13	14	15	16
17	18	19	20	21	22	23
24	25	26	27	28	29	30
31						

August

S	M	T	W	T	F	S
	1	2	3	4	5	6
7	8	9	10	11	12	13
14	15	16	17	18	19	20
21	22	23	24	25	26	27
28	29	30	31			

September

S	M	T	W	T	F	S
				1	2	3
4	5	6	7	8	9	10
11	12	13	14	15	16	17
18	19	20	21	22	23	24
25	26	27	28	29	30	

October

S	M	T	W	T	F	S
						1
2	3	4	5	6	7	8
9	10	11	12	13	14	15
16	17	18	19	20	21	22
23	24	25	26	27	28	29
30	31					

November

S	M	T	W	T	F	S
		1	2	3	4	5
6	7	8	9	10	11	12
13	14	15	16	17	18	19
20	21	22	23	24	25	26
27	28	29	30			

December

S	M	T	W	T	F	S
				1	2	3
4	5	6	7	8	9	10
11	12	13	14	15	16	17
18	19	20	21	22	23	24
25	26	27	28	29	30	31

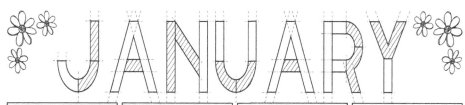

JANUARY

Sunday	Monday	Tuesday	Wednesday
January S M T W T F S 1 2 3 4 5 6 7 8 9 10 11 12 13 14 15 16 17 18 19 20 21 22 23 24 25 26 27 28 29 30 31			
2	3	4	5
9	10	11	12
16	17 Martin Luther King Day	18	19
23 30	24 31	25	26

"The world is full of magical things patiently
waiting for our wits to grow sharper."
— Bertrand Russell

Thursday	Friday	Saturday	Month's Focus
		1 New Year's Day	....
6	7	8	....
13	14	15	.... **To Do List**
20	21	22	....
27	28	29	....

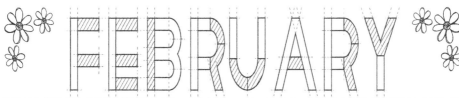

FEBRUARY

Sunday	Monday	Tuesday	Wednesday
February S M T W T F S 　　1　2　3　4　5 6　7　8　9　10　11　12 13　14　15　16　17　18　19 20　21　22　23　24　25　26 27　28		1 First Day of Black History Month	2
6	7	8	9
13	14 Valentine's Day	15	16
20	21 Presidents' Day	22	23
27	28		

"Always make a total effort,
even when the odds are against you."
— Arnold Palmer

Thursday	Friday	Saturday	Month's Focus
3	4	5	....
10	11	12	....
17	18	19	....

To Do List

| 24 | 25 | 26 | ....
 ....
 ....
 ....
 ....
 .... |
| | | | ....
 ....
 ....
 ....
 ....
 .... |

MARCH

Sunday	Monday	Tuesday	Wednesday
March S M T W T F S 　　1　2　3　4　5 6　7　8　9　10　11　12 13　14　15　16　17　18　19 20　21　22　23　24　25　26 27　28　29　30　31		1 First Day of Women's History Month	2
6	7	8	9
13	14	15	16
20	21	22	23
27	28	29	30

"If you're going to tell people the truth,
be funny or they'll kill you."
— Billy Wilder

Thursday	Friday	Saturday	Month's Focus
3	4	5	....
10	11	12	....
17 St. Patrick's Day	18	19	....
			To Do List
24	25	26	....
31			....

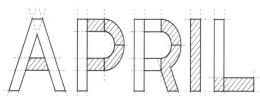

APRIL

Sunday	Monday	Tuesday	Wednesday
April S M T W T F S 1 2 3 4 5 6 7 8 9 10 11 12 13 14 15 16 17 18 19 20 21 22 23 24 25 26 27 28 29 30			
3	4	5	6
10	11	12	13
17 Easter Sunday	18 Tax Day Easter Monday	19	20
24	25	26	27

"Start where you are.
Use what you have. Do what you can."
— Arthur Ashe

Thursday	Friday	Saturday	Month's Focus
	1	2	....
			....
			....
			....
			....
			....
7	8	9	....
			....
			....
			....
			....
			....
14	15	16	....
			....
			....
			....

To Do List

21	22	23	....
			....
			....
			....
			....
			....
28	29	30	....
			....
			....
			....
			....
			....
			....

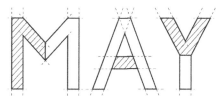

MAY

Sunday	Monday	Tuesday	Wednesday
1	2	3	4
8 Mother's Day	9	10	11
15	16	17	18
22	23	24	25
29	30 Memorial Day	31	

"Action may not always bring happiness;
but there is no happiness without action."
— Benjamin Disraeli

Thursday	Friday	Saturday	Month's Focus
5 Cinco de Mayo	6	7	....
12	13	14	....
19	20	21	....

To Do List

| 26 | 27 | 28 | ....
 ....
 ....
 ....
 ....
 .... |

		May	....

May

S	M	T	W	T	F	S
1	2	3	4	5	6	7
8	9	10	11	12	13	14
15	16	17	18	19	20	21
22	23	24	25	26	27	28
29	30	31				

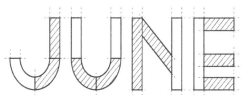

Sunday	Monday	Tuesday	Wednesday
June S M T W T F S 　 　 　 1 2 3 4 5 6 7 8 9 10 11 12 13 14 15 16 17 18 19 20 21 22 23 24 25 26 27 28 29 30			1
5	6	7	8
12	13	14	15
19 Juneteenth Father's Day	20	21	22
26	27	28	29

**"We never really grow up,
we only learn how to act in public."**

— Bryan White

Thursday	Friday	Saturday	Month's Focus
2	3	4	....
9	10	11	....
16	17	18	....
			To Do List
23	24	25	....
30			....

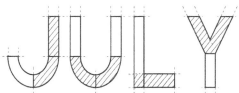

JULY

Sunday	Monday	Tuesday	Wednesday
July S M T W T F S 　　　　　　1 2 3 4 5 6 7 8 9 10 11 12 13 14 15 16 17 18 19 20 21 22 23 24 25 26 27 28 29 30 31			
3	4 Independence Day	5	6
10	11	12	13
17	18	19	20
24 31	25	26	27

"Success comes from having dreams
that are bigger than your fears."
— Bobby Unser

Thursday	Friday	Saturday	Month's Focus
	1	2	....
			....
			....
			....
			....
			....
7	8	9	....
			....
			....
			....
			....
			....
14	15	16	....
			....
			....
			....
			To Do List
21	22	23	....
			....
			....
			....
			....
			....
28	29	30	....
			....
			....
			....
			....
			....

AUGUST

Sunday	Monday	Tuesday	Wednesday
August S M T W T F S 1 2 3 4 5 6 7 8 9 10 11 12 13 14 15 16 17 18 19 20 21 22 23 24 25 26 27 28 29 30 31	1	2	3
7	8	9	10
14	15	16	17
21	22	23	24
28	29	30	31

"The distance between insanity and genius is measured only by success."
— Bruce Feirstein

Thursday	Friday	Saturday	Month's Focus
4	5	6	....
11	12	13	....
18	19	20	....
			To Do List
25	26	27	....
			....

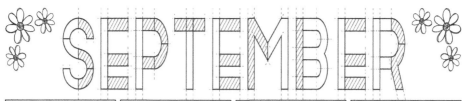

SEPTEMBER

Sunday	Monday	Tuesday	Wednesday
September S M T W T F S 1 2 3 4 5 6 7 8 9 10 11 12 13 14 15 16 17 18 19 20 21 22 23 24 25 26 27 28 29 30			
4	5 Labor Day	6	7
11	12	13	14
18	19	20	21
25	26	27	28

"Never do tomorrow what you can do today.
Procrastination is the thief of time."
— Charles Dickens

Thursday	Friday	Saturday	Month's Focus
1	2	3	....
8	9	10	....
15	16	17	....
			To Do List
22	23	24	....
29	30		....

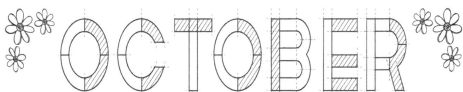

OCTOBER

Sunday	Monday	Tuesday	Wednesday
October S M T W T F S 1 2 3 4 5 6 7 8 9 10 11 12 13 14 15 16 17 18 19 20 21 22 23 24 25 26 27 28 29 30 31			
2	3	4	5
9	10 Columbus Day	11	12
16	17	18	19
23 30	24 31 Halloween	25	26

"The road to success and the road to failure
are almost exactly the same."
— Colin R. Davis

Thursday	Friday	Saturday	Month's Focus
		1	....
			....
			....
			....
6	7	8	....
			....
			....
			....
13	14	15	....
			....
			....

To Do List
....
....

20	21	22	....
			....
			....
27	28	29	....
			....
			....
			....

November

Sunday	Monday	Tuesday	Wednesday
November S M T W T F S 1 2 3 4 5 6 7 8 9 10 11 12 13 14 15 16 17 18 19 20 21 22 23 24 25 26 27 28 29 30		1	2
6	7	8 Ilection Day	9
13	14	15	16
20	21	22	23
27	28	29	30

"Perfection is boring.
Getting better is where all the fun is."
— Dragos Roua

Thursday	Friday	Saturday	Month's Focus
3	4	5	....
10	11 Veterans Day	12	....
17	18	19	....
			To Do List
24 Thanksgiving Day	25 Black Friday Native American Heritage Day	26	....
			....

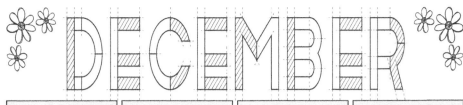

DECEMBER

Sunday	Monday	Tuesday	Wednesday
December S M T W T F S 1 2 3 4 5 6 7 8 9 10 11 12 13 14 15 16 17 18 19 20 21 22 23 24 25 26 27 28 29 30 31			
4	5	6	7
11	12	13	14
18	19	20	21
25 Christmas	26	27	28

"There are two ways of spreading light.
To be the candle, or the mirror that reflects it."
— Edith Wharton

Thursday	Friday	Saturday	Month's Focus
1	2	3	....
			....
			....
			....
			....
			....
8	9	10	....
			....
			....
			....
			....
			....
			....
15	16	17	....
			....
			....
			To Do List
22	23	24	....
			....
			....
			....
			....
			....
29	30	31	....
			....
			....
			....
		New Year's Eve	....

NOTES

Calendar 2023

January

S	M	T	W	T	F	S
1	2	3	4	5	6	7
8	9	10	11	12	13	14
15	16	17	18	19	20	21
22	23	24	25	26	27	28
29	30	31				

February

S	M	T	W	T	F	S
			1	2	3	4
5	6	7	8	9	10	11
12	13	14	15	16	17	18
19	20	21	22	23	24	25
26	27	28				

March

S	M	T	W	T	F	S
			1	2	3	4
5	6	7	8	9	10	11
12	13	14	15	16	17	18
19	20	21	22	23	24	25
26	27	28	29	30	31	

April

S	M	T	W	T	F	S
						1
2	3	4	5	6	7	8
9	10	11	12	13	14	15
16	17	18	19	20	21	22
23	24	25	26	27	28	29
30						

May

S	M	T	W	T	F	S
	1	2	3	4	5	6
7	8	9	10	11	12	13
14	15	16	17	18	19	20
21	22	23	24	25	26	27
28	29	30	31			

June

S	M	T	W	T	F	S
				1	2	3
4	5	6	7	8	9	10
11	12	13	14	15	16	17
18	19	20	21	22	23	24
25	26	27	28	29	30	

July

S	M	T	W	T	F	S
						1
2	3	4	5	6	7	8
9	10	11	12	13	14	15
16	17	18	19	20	21	22
23	24	25	26	27	28	29
30	31					

August

S	M	T	W	T	F	S
		1	2	3	4	5
6	7	8	9	10	11	12
13	14	15	16	17	18	19
20	21	22	23	24	25	26
27	28	29	30	31		

September

S	M	T	W	T	F	S
					1	2
3	4	5	6	7	8	9
10	11	12	13	14	15	16
17	18	19	20	21	22	23
24	25	26	27	28	29	30

October

S	M	T	W	T	F	S
1	2	3	4	5	6	7
8	9	10	11	12	13	14
15	16	17	18	19	20	21
22	23	24	25	26	27	28
29	30	31				

November

S	M	T	W	T	F	S
			1	2	3	4
5	6	7	8	9	10	11
12	13	14	15	16	17	18
19	20	21	22	23	24	25
26	27	28	29	30		

December

S	M	T	W	T	F	S
					1	2
3	4	5	6	7	8	9
10	11	12	13	14	15	16
17	18	19	20	21	22	23
24	25	26	27	28	29	30
31						

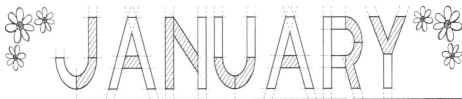

JANUARY

Sunday	Monday	Tuesday	Wednesday
1 New Year's Day	2	3	4
8	9	10	11
15	16 Martin Luther King Day	17	18
22	23	24	25
29	30	31	

"The future belongs to those who believe in the beauty of their dreams."
— Eleanor Roosevelt

Thursday	Friday	Saturday	Month's Focus
5	6	7	....
12	13	14	....
19	20	21	....
			To Do List
26	27	28	....

January

S	M	T	W	T	F	S
1	2	3	4	5	6	7
8	9	10	11	12	13	14
15	16	17	18	19	20	21
22	23	24	25	26	27	28
29	30	31				

....
....
....
....

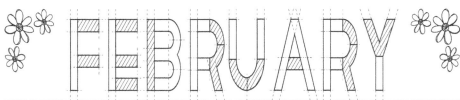

FEBRUARY

Sunday	Monday	Tuesday	Wednesday
February S M T W T F S 　　　 1 2 3 4 5 6 7 8 9 10 11 12 13 14 15 16 17 18 19 20 21 22 23 24 25 26 27 28			**1** First Day of Black History Month
5	**6**	**7**	**8**
12	**13**	**14** Valentine's Day	**15**
19	**20** Presidents' Day	**21**	**22**
26	**27**	**28**	

"Our greatest fear should not be of failure but of succeeding at things in life that don't really matter."

— Francis Chan

Thursday	Friday	Saturday	Month's Focus
2	3	4	....
			....
			....
			....
			....
			....
9	10	11	....
			....
			....
			....
			....
			....
16	17	18	....
			....
			....

To Do List

23	24	25	....
			....
			....
			....
			....
			....
			....
			....
			....
			....
			....
			....

MARCH

Sunday	Monday	Tuesday	Wednesday
March S M T W T F S 1 2 3 4 5 6 7 8 9 10 11 12 13 14 15 16 17 18 19 20 21 22 23 24 25 26 27 28 29 30 31			1 First Day of Women's History Month
5	6	7	8
12	13	14	15
19	20	21	22
26	27	28	29

"Build your own dreams,
or someone else will hire you to build theirs."
— Farrah Gray

Thursday	Friday	Saturday	Month's Focus
2	3	4	....
9	10	11	....
16	17 St. Patrick's Day	18	....
			To Do List
23	24	25	....
30	31		....

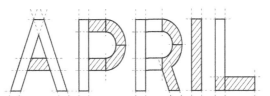

APRIL

Sunday	Monday	Tuesday	Wednesday

April

S	M	T	W	T	F	S
						1
2	3	4	5	6	7	8
9	10	11	12	13	14	15
16	17	18	19	20	21	22
23	24	25	26	27	28	29
30						

2	3	4	5
9 Easter Sunday	**10** Easter Monday	**11**	**12**
16	17	**18** Tax Day	19
23 / 30	24	25	26

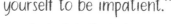 "If you genuinely want something, don't wait for it,
teach yourself to be impatient."
— Gurbaksh Chahal

Thursday	Friday	Saturday	Month's Focus
		1	....
6	7	8	....
13	14	15	....
			To Do List
20	21	22	....
27	28	29	....

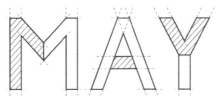

MAY

Sunday	Monday	Tuesday	Wednesday
May S M T W T F S 1 2 3 4 5 6 7 8 9 10 11 12 13 14 15 16 17 18 19 20 21 22 23 24 25 26 27 28 29 30 31	1	2	3
7	8	9	10
14 Mother's Day	15	16	17
21	22	23	24
28	29 Memorial Day	30	31

> "Never give up, for that is just the place
> and time that the tide will turn."
> — Harriet Beecher Stow

Thursday	Friday	Saturday	Month's Focus
4	5 Cinco de Mayo	6	....
11	12	13	....
18	19	20	....
			To Do List
25	26	27	....
			....

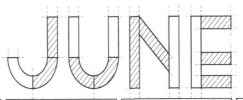

JUNE

Sunday	Monday	Tuesday	Wednesday
June S M T W T F S 　　　　1 2 3 4 5 6 7 8 9 10 11 12 13 14 15 16 17 18 19 20 21 22 23 24 25 26 27 28 29 30			
4	5	6	7
11	12	13	14
18 Father's Day	19 Juneteenth	20	21
25	26	27	28

"It's not what you look at that matters,
it's what you see."
— Henry David Thoreau

Thursday	Friday	Saturday	Month's Focus
1	2	3	....
			....
			....
			....
			....
			....
8	9	10	....
			....
			....
			....
			....
			....
15	16	17	....
			....
			....

To Do List

22	23	24	....
			....
			....
			....
			....
			....
29	30		....
			....
			....
			....
			....
			....

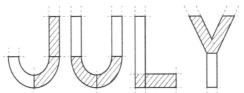

JULY

Sunday	Monday	Tuesday	Wednesday
July S M T W T F S 1 2 3 4 5 6 7 8 9 10 11 12 13 14 15 16 17 18 19 20 21 22 23 24 25 26 27 28 29 30 31			
2	3	4 Independence Day	5
9	10	11	12
16	17	18	19
23 30	24 31	25	26

"It is better to fail in originality
than to succeed in imitation."
— Herman Melville

Thursday	Friday	Saturday	Month's Focus
		1	....
6	7	8	....
13	14	15	....
			To Do List
20	21	22	....
27	28	29	....

AUGUST

Sunday	Monday	Tuesday	Wednesday
August S M T W T F S 1 2 3 4 5 6 7 8 9 10 11 12 13 14 15 16 17 18 19 20 21 22 23 24 25 26 27 28 29 30 31		1	2
6	7	8	9
13	14	15	16
20	21	22	23
27	28	29	30

"If you are not willing to risk the usual you will have to settle for the ordinary."

— Jim Rohn

Thursday	Friday	Saturday	Month's Focus
3	4	5	....
			....
			....
			....
			....
			....
10	11	12	....
			....
			....
			....
			....
			....
17	18	19	....
			....
			....
			To Do List
24	25	26	....
			....
			....
			....
			....
31			....
			....
			....
			....
			....
			....

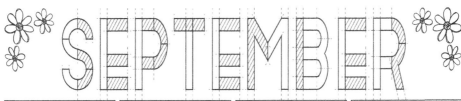

SEPTEMBER

Sunday	Monday	Tuesday	Wednesday
September S M T W T F S 1 2 3 4 5 6 7 8 9 10 11 12 13 14 15 16 17 18 19 20 21 22 23 24 25 26 27 28 29 30			
3	4 Labor Day	5	6
10	11	12	13
17	18	19	20
24	25	26	27

"Sometimes you win, sometimes you learn."
— John C. Maxwell

Thursday	Friday	Saturday	Month's Focus
	1	2	
7	8	9	
14	15	16	
21	22	23	To Do List
28	29	30	

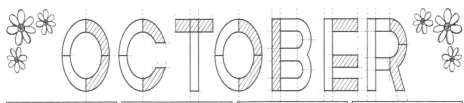

OCTOBER

Sunday	Monday	Tuesday	Wednesday
1	2	3	4
8	9 Columbus Day	10	11
15	16	17	18
22	23	24	25
29	30	31 Halloween	

"Don't let what you cannot do
interfere with what you can do."
— John Wooden

Thursday	Friday	Saturday	Month's Focus
5	6	7	....
			....
			....
			....
			....
			....
12	13	14	....
			....
			....
			....
			....
			....
19	20	21	....
			....
			....
			To Do List
26	27	28	....
			....
			....
			....
			....
			....

October

S	M	T	W	T	F	S
1	2	3	4	5	6	7
8	9	10	11	12	13	14
15	16	17	18	19	20	21
22	23	24	25	26	27	28
29	30	31				

....
....
....
....
....

NOVEMBER

Sunday	Monday	Tuesday	Wednesday
November S M T W T F S 1 2 3 4 5 6 7 8 9 10 11 12 13 14 15 16 17 18 19 20 21 22 23 24 25 26 27 28 29 30			1
5	6	7 Election Day	8
12	13	14	15
19	20	21	22
26	27	28	29

"Things work out best for those
who make the best of how things work out."
— John Wooden

Thursday	Friday	Saturday	Month's Focus
2	3	4	....
			....
			....
			....
			....
			....
9	10	11	....
			....
			....
			....
			....
		Veterans Day	....
16	17	18	....
			....
			....
			To Do List
23	24	25	....
			....
			....
			....
	Black Friday		....
Thanksgiving Day	Native American Heritage Day		....
30			....
			....
			....
			....
			....
			....

DECEMBER

Sunday	Monday	Tuesday	Wednesday
December S M T W T F S 1 2 3 4 5 6 7 8 9 10 11 12 13 14 15 16 17 18 19 20 21 22 23 24 25 26 27 28 29 30 31			
3	4	5	6
10	11	12	13
17	18	19	20
24 31 New Year's Eve	25 Christmas	26	27

"Make sure your worst enemy doesn't live between your own two ears."

— Laird Hamilton

Thursday	Friday	Saturday	Month's Focus
	1	2	....
7	8	9	....
14	15	16	....
			To Do List
21	22	23	....
28	29	30	....

NOTES

2024 Calendar

January

S	M	T	W	T	F	S
	1	2	3	4	5	6
7	8	9	10	11	12	13
14	15	16	17	18	19	20
21	22	23	24	25	26	27
28	29	30	31			

February

S	M	T	W	T	F	S
				1	2	3
4	5	6	7	8	9	10
11	12	13	14	15	16	17
18	19	20	21	22	23	24
25	26	27	28	29		

March

S	M	T	W	T	F	S
					1	2
3	4	5	6	7	8	9
10	11	12	13	14	15	16
17	18	19	20	21	22	23
24	25	26	27	28	29	30
31						

April

S	M	T	W	T	F	S
	1	2	3	4	5	6
7	8	9	10	11	12	13
14	15	16	17	18	19	20
21	22	23	24	25	26	27
28	29	30				

May

S	M	T	W	T	F	S
			1	2	3	4
5	6	7	8	9	10	11
12	13	14	15	16	17	18
19	20	21	22	23	24	25
26	27	28	29	30	31	

June

S	M	T	W	T	F	S
						1
2	3	4	5	6	7	8
9	10	11	12	13	14	15
16	17	18	19	20	21	22
23	24	25	26	27	28	29
30						

July

S	M	T	W	T	F	S
	1	2	3	4	5	6
7	8	9	10	11	12	13
14	15	16	17	18	19	20
21	22	23	24	25	26	27
28	29	30	31			

August

S	M	T	W	T	F	S
				1	2	3
4	5	6	7	8	9	10
11	12	13	14	15	16	17
18	19	20	21	22	23	24
25	26	27	28	29	30	31

September

S	M	T	W	T	F	S
1	2	3	4	5	6	7
8	9	10	11	12	13	14
15	16	17	18	19	20	21
22	23	24	25	26	27	28
29	30					

October

S	M	T	W	T	F	S
		1	2	3	4	5
6	7	8	9	10	11	12
13	14	15	16	17	18	19
20	21	22	23	24	25	26
27	28	29	30	31		

November

S	M	T	W	T	F	S
					1	2
3	4	5	6	7	8	9
10	11	12	13	14	15	16
17	18	19	20	21	22	23
24	25	26	27	28	29	30

December

S	M	T	W	T	F	S
1	2	3	4	5	6	7
8	9	10	11	12	13	14
15	16	17	18	19	20	21
22	23	24	25	26	27	28
29	30	31				

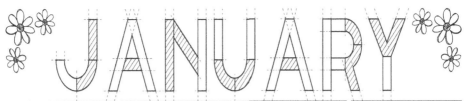

JANUARY

Sunday	Monday	Tuesday	Wednesday
January S M T W T F S 1 2 3 4 5 6 7 8 9 10 11 12 13 14 15 16 17 18 19 20 21 22 23 24 25 26 27 28 29 30 31	1 New Year's Day	2	3
7	8	9	10
14	15 Martin Luther King Day	16	17
21	22	23	24
28	29	30	31

> "Life is not about finding yourself.
> Life is about creating yourself."
> — Lolly Daskal

Thursday	Friday	Saturday	Month's Focus
4	5	6	
11	12	13	
18	19	20	
25	26	27	To Do List

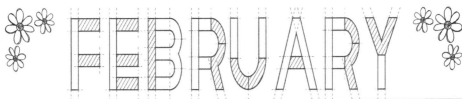

FEBRUARY

Sunday	Monday	Tuesday	Wednesday
February S M T W T F S 1 2 3 4 5 6 7 8 9 10 11 12 13 14 15 16 17 18 19 20 21 22 23 24 25 26 27 28 29			
4	5	6	7
11	12	13	14 Valentine's Day
18	19 Presidents' Day	20	21
25	26	27	28

 "You may have to fight a battle more than once to win it."
— Margaret Thatcher

Thursday	Friday	Saturday	Month's Focus
1 First Day of Black History Month	2	3	....
8	9	10	....
15	16	17	.... To Do List
22	23	24	....
29			....

MARCH

Sunday	Monday	Tuesday	Wednesday
March S M T W T F S 1 2 3 4 5 6 7 8 9 10 11 12 13 14 15 16 17 18 19 20 21 22 23 24 25 26 27 28 29 30 31			
3	4	5	6
10	11	12	13
17 St. Patrick's Day	18	19	20
24 31 Easter Sunday	25	26	27

"If you have everything under control,
you're not moving fast enough."
— Mario Andretti

Thursday	Friday	Saturday	Month's Focus
	1 First Day of Women's History Month	2	....
7	8	9	....
14	15	16	....
			To Do List
21	22	23	....
28	29	30	....

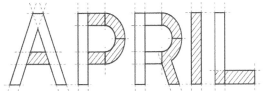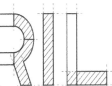 APRIL

Sunday	Monday	Tuesday	Wednesday
April S M T W T F S 　 1 2 3 4 5 6 7 8 9 10 11 12 13 14 15 16 17 18 19 20 21 22 23 24 25 26 27 28 29 30	1 Easter Monday	2	3
7	8	9	10
14	15 Tax Day	16	17
21	22	23	24
28	29	30	

"The only person you should try to be better than, is the person you were yesterday."

— Matty Mullens

Thursday	Friday	Saturday	Month's Focus
4	5	6	....
11	12	13	....
18	19	20	....
			To Do List
25	26	27	....
			....

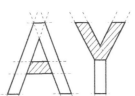

MAY

Sunday	Monday	Tuesday	Wednesday
May S M T W T F S 1 2 3 4 5 6 7 8 9 10 11 12 13 14 15 16 17 18 19 20 21 22 23 24 25 26 27 28 29 30 31			1
5 Cinco de Mayo	6	7	8
12 Mother's Day	13	14	15
19	20	21	22
26	27 Memorial Day	28	29

"Nothing will work unless you do."
— Maya Angelou

Thursday	Friday	Saturday	Month's Focus
2	3	4	....
			....
			....
			....
			....
			....
9	10	11	....
			....
			....
			....
			....
			....
16	17	18	....
			....
			....
			....
			To Do List
23	24	25	....
			....
			....
			....
			....
			....
30	31		....
			....
			....
			....
			....
			....

JUNE

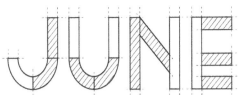

Sunday	Monday	Tuesday	Wednesday
June S M T W T F S 1 2 3 4 5 6 7 8 9 10 11 12 13 14 15 16 17 18 19 20 21 22 23 24 25 26 27 28 29 30			
2	3	4	5
9	10	11	12
16 Father's Day	17	18	19 Juneteenth
23 30	24	25	26

"One way to keep momentum going is to have constantly greater goals."
— Michael Korda

Thursday	Friday	Saturday	Month's Focus
		1	....
6	7	8	....
13	14	15	....

			To Do List
20	21	22	....
27	28	29	....

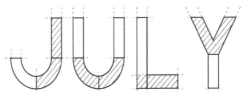

JULY

Sunday	Monday	Tuesday	Wednesday
July S M T W T F S 　 1 2 3 4 5 6 7 8 9 10 11 12 13 14 15 16 17 18 19 20 21 22 23 24 25 26 27 28 29 30 31	1	2	3
7	8	9	10
14	15	16	17
21	22	23	24
28	29	30	31

"It isn't the mountains ahead to climb that wear you out;
it's the pebble in your shoe."
— Muhammad Ali

Thursday	Friday	Saturday	Month's Focus
4 Independence Day	5	6	....
11	12	13	....
18	19	20	....
			To Do List
25	26	27	....
			....

AUGUST

Sunday	Monday	Tuesday	Wednesday
August S M T W T F S 1 2 3 4 5 6 7 8 9 10 11 12 13 14 15 16 17 18 19 20 21 22 23 24 25 26 27 28 29 30 31			
4	5	6	7
11	12	13	14
18	19	20	21
25	26	27	28

"The starting point of all achievement is desire."
— Napoleon Hill

Thursday	Friday	Saturday	Month's Focus
1	2	3	....
			....
			....
			....
			....
8	9	10	....
			....
			....
			....
			....
15	16	17	....
			....
			....
			To Do List
22	23	24	....
			....
			....
			....
			....
29	30	31	....
			....
			....
			....
			....

SEPTEMBER

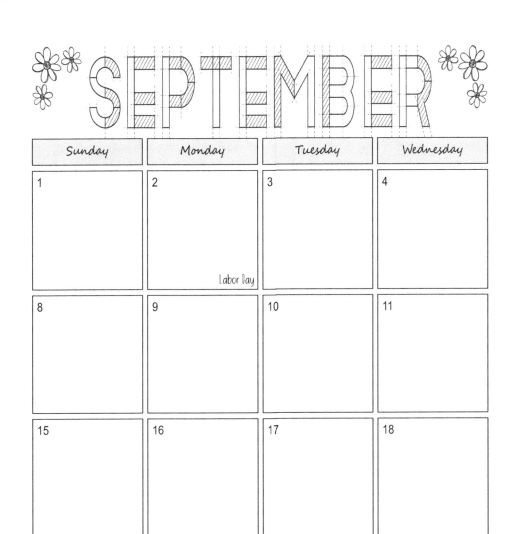

Sunday	Monday	Tuesday	Wednesday
1	2 Labor Day	3	4
8	9	10	11
15	16	17	18
22	23	24	25
29	30		

"Whatever the mind of man can conceive and believe,
it can achieve."
— Napoleon Hill

Thursday	Friday	Saturday	Month's Focus
5	6	7	....
12	13	14	....
19	20	21	....

To Do List

| 26 | 27 | 28 | .... |

September

S	M	T	W	T	F	S
1	2	3	4	5	6	7
8	9	10	11	12	13	14
15	16	17	18	19	20	21
22	23	24	25	26	27	28
29	30					

....
....
....
....
....
....

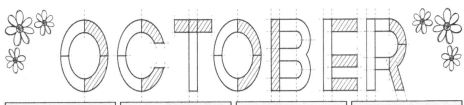

OCTOBER

Sunday	Monday	Tuesday	Wednesday
October S M T W T F S 1 2 3 4 5 6 7 8 9 10 11 12 13 14 15 16 17 18 19 20 21 22 23 24 25 26 27 28 29 30 31		1	2
6	7	8	9
13	14 Columbus Day	15	16
20	21	22	23
27	28	29	30

 "Change your thoughts and you change your world."
— Norman Vincent Peale

Thursday	Friday	Saturday	Month's Focus
3	4	5	....
10	11	12	....
17	18	19	....
			To Do List
24	25	26	....
31 Halloween			....

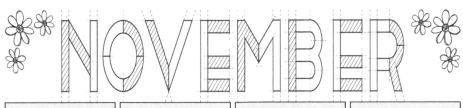

NOVEMBER

Sunday	Monday	Tuesday	Wednesday
November S M T W T F S 1 2 3 4 5 6 7 8 9 10 11 12 13 14 15 16 17 18 19 20 21 22 23 24 25 26 27 28 29 30			
3	4	5 Election Day (General Election)	6
10	11 Veterans Day	12	13
17	18	19	20
24	25	26	27

"What seems to us as bitter trials are often blessings in disguise."
— Oscar Wilde

Thursday	Friday	Saturday	Month's Focus
	1	2	....
7	8	9	....
14	15	16	....
			To Do List
21	22	23	....
28 Thanksgiving Day	29 Black Friday Native American Heritage Day	30	....

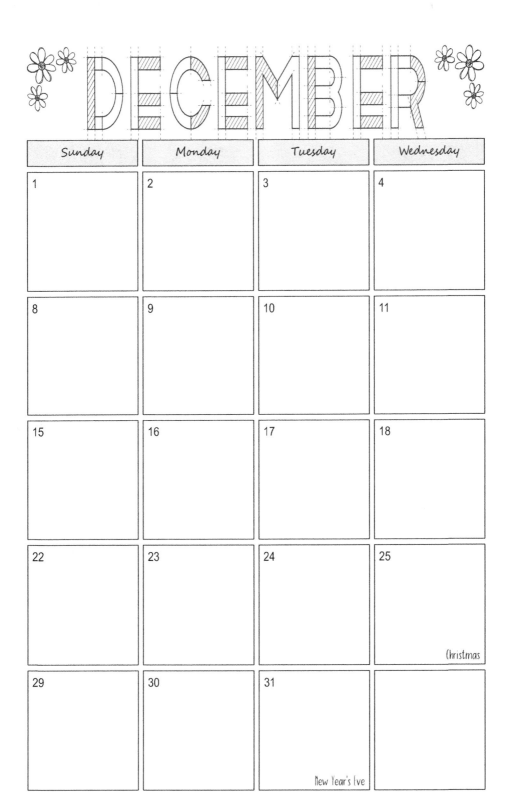

DECEMBER

Sunday	Monday	Tuesday	Wednesday
1	2	3	4
8	9	10	11
15	16	17	18
22	23	24	25 Christmas
29	30	31 New Year's Eve	

"Only put off until tomorrow what you are willing to die having left undone."
— Pablo Picasso

Thursday	Friday	Saturday	Month's Focus
5	6	7	....
12	13	14	....
19	20	21	....

To Do List

| 26 | 27 | 28 | ....
 ....
 ....
 ....
 ....
 .... |

December

S	M	T	W	T	F	S
1	2	3	4	5	6	7
8	9	10	11	12	13	14
15	16	17	18	19	20	21
22	23	24	25	26	27	28
29	30	31				

....
....
....
....
....
....

NOTES

2025 Calendar

January

S	M	T	W	T	F	S
			1	2	3	4
5	6	7	8	9	10	11
12	13	14	15	16	17	18
19	20	21	22	23	24	25
26	27	28	29	30	31	

February

S	M	T	W	T	F	S
						1
2	3	4	5	6	7	8
9	10	11	12	13	14	15
16	17	18	19	20	21	22
23	24	25	26	27	28	

March

S	M	T	W	T	F	S
						1
2	3	4	5	6	7	8
9	10	11	12	13	14	15
16	17	18	19	20	21	22
23	24	25	26	27	28	29
30	31					

April

S	M	T	W	T	F	S
		1	2	3	4	5
6	7	8	9	10	11	12
13	14	15	16	17	18	19
20	21	22	23	24	25	26
27	28	29	30			

May

S	M	T	W	T	F	S
				1	2	3
4	5	6	7	8	9	10
11	12	13	14	15	16	17
18	19	20	21	22	23	24
25	26	27	28	29	30	31

June

S	M	T	W	T	F	S
1	2	3	4	5	6	7
8	9	10	11	12	13	14
15	16	17	18	19	20	21
22	23	24	25	26	27	28
29	30					

July

S	M	T	W	T	F	S
		1	2	3	4	5
6	7	8	9	10	11	12
13	14	15	16	17	18	19
20	21	22	23	24	25	26
27	28	29	30	31		

August

S	M	T	W	T	F	S
					1	2
3	4	5	6	7	8	9
10	11	12	13	14	15	16
17	18	19	20	21	22	23
24	25	26	27	28	29	30
31						

September

S	M	T	W	T	F	S
	1	2	3	4	5	6
7	8	9	10	11	12	13
14	15	16	17	18	19	20
21	22	23	24	25	26	27
28	29	30				

October

S	M	T	W	T	F	S
			1	2	3	4
5	6	7	8	9	10	11
12	13	14	15	16	17	18
19	20	21	22	23	24	25
26	27	28	29	30	31	

November

S	M	T	W	T	F	S
						1
2	3	4	5	6	7	8
9	10	11	12	13	14	15
16	17	18	19	20	21	22
23	24	25	26	27	28	29
30						

December

S	M	T	W	T	F	S
	1	2	3	4	5	6
7	8	9	10	11	12	13
14	15	16	17	18	19	20
21	22	23	24	25	26	27
28	29	30	31			

JANUARY

Sunday	Monday	Tuesday	Wednesday
January S M T W T F S 1 2 3 4 5 6 7 8 9 10 11 12 13 14 15 16 17 18 19 20 21 22 23 24 25 26 27 28 29 30 31			**1** New Year's Day
5	**6**	**7**	**8**
12	**13**	**14**	**15**
19	**20** Martin Luther King Day	**21**	**22**
26	**27**	**28**	**29**

"When we strive to become better than we are,
everything around us becomes better too."
— Paulo Coelho

Thursday	Friday	Saturday	Month's Focus
2	3	4	....
9	10	11	....
16	17	18	.... **To Do List**
23	24	25	....
30	31		....

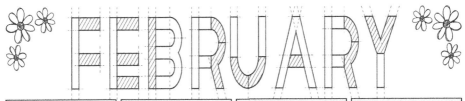

FEBRUARY

Sunday	Monday	Tuesday	Wednesday
February S M T W T F S 1 2 3 4 5 6 7 8 9 10 11 12 13 14 15 16 17 18 19 20 21 22 23 24 25 26 27 28			
2	3	4	5
9	10	11	12
16	17	18	19
	Presidents' Day		
23	24	25	26

"What we achieve inwardly will change outer reality."
— Plutarch

Thursday	Friday	Saturday	Month's Focus
		1 First Day of Black History Month	....
6	7	8	....
13	14 Valentine's Day	15	....
			To Do List
20	21	22	....
27	28		....

MARCH

Sunday	Monday	Tuesday	Wednesday
March S M T W T F S 1 2 3 4 5 6 7 8 9 10 11 12 13 14 15 16 17 18 19 20 21 22 23 24 25 26 27 28 29 30 31			
2	3	4	5
9	10	11	12
16	17 St. Patrick's Day	18	19
23	24	25	26
30	31		

"You don't drown by falling in water;
you drown by staying there."
— Robert Collier

Thursday	Friday	Saturday	Month's Focus
		1 First Day of Women's History Month	....
6	7	8	....
13	14	15	.... **To Do List**
20	21	22	....
27	28	29	....

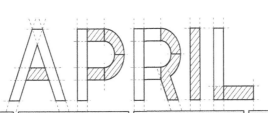

APRIL

Sunday	Monday	Tuesday	Wednesday
April S M T W T F S 　　1 2 3 4 5 6 7 8 9 10 11 12 13 14 15 16 17 18 19 20 21 22 23 24 25 26 27 28 29 30		1	2
6	7	8	9
13	14	15 Tax Day	16
20 Easter Sunday	21 Easter Monday	22	23
27	28	29	30

"Don't let the fear of losing be greater
than the excitement of winning."
— Robert Kiyosaki

Thursday	Friday	Saturday	Month's Focus
3	4	5	....
10	11	12	....
17	18	19	....
			To Do List
24	25	26	....
			....

MAY

Sunday	Monday	Tuesday	Wednesday
May S M T W T F S 　　　　1 2 3 4 5 6 7 8 9 10 11 12 13 14 15 16 17 18 19 20 21 22 23 24 25 26 27 28 29 30 31			
4	5 Cinco de Mayo	6	7
11 Mother's Day	12	13	14
18	19	20	21
25	26 Memorial Day	27	28

"Better to do something imperfectly
than to do nothing flawlessly."
— Robert Schuller

Thursday	Friday	Saturday	Month's Focus
1	2	3	....
8	9	10	....
15	16	17	....

To Do List

22	23	24	....
29	30	31	....

JUNE
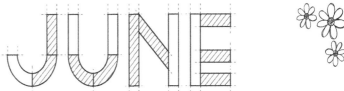

Sunday	Monday	Tuesday	Wednesday
1	2	3	4
8	9	10	11
15 Father's Day	16	17	18
22	23	24	25
29	30		

"Don't live the same year 75 times and call it a life."
— Robin Sharma

Thursday	Friday	Saturday	Month's Focus
5	6	7	....
			....
			....
			....
			....
			....
12	13	14	....
			....
			....
			....
			....
			....
			....
19	20	21	....
			....
			....
Juneteenth			**To Do List**
26	27	28	....
			....
			....
			....
			....
			....

June

S	M	T	W	T	F	S
1	2	3	4	5	6	7
8	9	10	11	12	13	14
15	16	17	18	19	20	21
22	23	24	25	26	27	28
29	30					

....
....
....
....
....
....

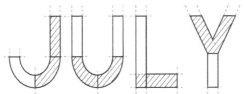

JULY

Sunday	Monday	Tuesday	Wednesday
July S M T W T F S 1 2 3 4 5 6 7 8 9 10 11 12 13 14 15 16 17 18 19 20 21 22 23 24 25 26 27 28 29 30 31		1	2
6	7	8	9
13	14	15	16
20	21	22	23
27	28	29	30

"Change your life today. Don't gamble on the future,
act now, without delay."
— Simone de Beauvoir

Thursday	Friday	Saturday	Month's Focus
3	4 Independence Day	5	....
10	11	12	....
17	18	19	....
			To Do List
24	25	26	....
31			....

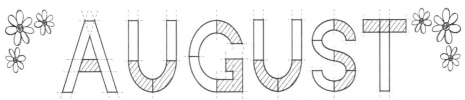

AUGUST

Sunday	Monday	Tuesday	Wednesday
August S M T W T F S 　　　　　1 2 3 4 5 6 7 8 9 10 11 12 13 14 15 16 17 18 19 20 21 22 23 24 25 26 27 28 29 30 31			
3	4	5	6
10	11	12	13
17	18	19	20
24 31	25	26	27

"I am not a product of my circumstances.
I am a product of my decisions."
— Stephen Covey

Thursday	Friday	Saturday	Month's Focus
	1	2	....
			....
			....
			....
			....
			....
7	8	9	....
			....
			....
			....
			....
			....
14	15	16	....
			....
			....

To Do List

21	22	23	....
			....
			....
			....
			....
			....
28	29	30	....
			....
			....
			....
			....

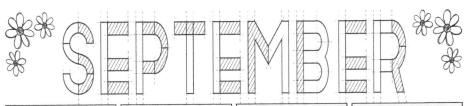

SEPTEMBER

Sunday	Monday	Tuesday	Wednesday
September S M T W T F S 1 2 3 4 5 6 7 8 9 10 11 12 13 14 15 16 17 18 19 20 21 22 23 24 25 26 27 28 29 30	1 Labor Day	2	3
7	8	9	10
14	15	16	17
21	22	23	24
28	29	30	

"Keep your eyes on the stars,
and your feet on the ground."
— Theodore Roosevelt

Thursday	Friday	Saturday	Month's Focus
4	5	6	....
11	12	13	....
18	19	20	....
			To Do List
25	26	27	....
			....

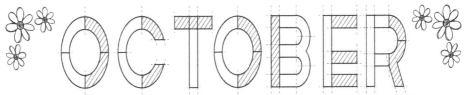

OCTOBER

Sunday	Monday	Tuesday	Wednesday
October S M T W T F S 1 2 3 4 5 6 7 8 9 10 11 12 13 14 15 16 17 18 19 20 21 22 23 24 25 26 27 28 29 30 31			1
5	6	7	8
12	13 Columbus Day	14	15
19	20	21	22
26	27	28	29

"I find that the harder I work,
the more luck I seem to have."
— Thomas Jefferson

Thursday	Friday	Saturday	Month's Focus
2	3	4	....
9	10	11	....
16	17	18	....

To Do List

| 23 | 24 | 25 | .... |
| 30 | 31 Halloween | | .... |

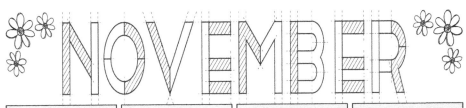

NOVEMBER

Sunday	Monday	Tuesday	Wednesday
November S M T W T F S 1 2 3 4 5 6 7 8 9 10 11 12 13 14 15 16 17 18 19 20 21 22 23 24 25 26 27 28 29 30			
2	3	4 Election Day	5
9	10	11 Veterans Day	12
16	17	18	19
23 30	24	25	26

"Aim for the moon. If you miss,
you may hit a star."
— W. Clement Stone

Thursday	Friday	Saturday	Month's Focus
		1	....
6	7	8	....
13	14	15	.... **To Do List**
20	21	22	....
27 Thanksgiving Day	28 Black Friday Native American Heritage Day	29	....

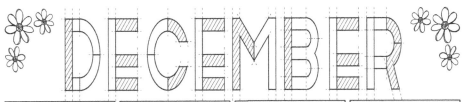

DECEMBER

Sunday	Monday	Tuesday	Wednesday
December S M T W T F S 1 2 3 4 5 6 7 8 9 10 11 12 13 14 15 16 17 18 19 20 21 22 23 24 25 26 27 28 29 30 31	1	2	3
7	8	9	10
14	15	16	17
21	22	23	24
28	29	30	31 New Year's Eve

"The best way to predict the future is to create it."
— Abraham Lincoln

Thursday	Friday	Saturday	Month's Focus
4	5	6	....
11	12	13	....
18	19	20	....
25 Christmas	26	27	**To Do List** ....
			....

NOTES

Calendar 2026

January

S	M	T	W	T	F	S
				1	2	3
4	5	6	7	8	9	10
11	12	13	14	15	16	17
18	19	20	21	22	23	24
25	26	27	28	29	30	31

February

S	M	T	W	T	F	S
1	2	3	4	5	6	7
8	9	10	11	12	13	14
15	16	17	18	19	20	21
22	23	24	25	26	27	28

March

S	M	T	W	T	F	S
1	2	3	4	5	6	7
8	9	10	11	12	13	14
15	16	17	18	19	20	21
22	23	24	25	26	27	28
29	30	31				

April

S	M	T	W	T	F	S
			1	2	3	4
5	6	7	8	9	10	11
12	13	14	15	16	17	18
19	20	21	22	23	24	25
26	27	28	29	30		

May

S	M	T	W	T	F	S
					1	2
3	4	5	6	7	8	9
10	11	12	13	14	15	16
17	18	19	20	21	22	23
24	25	26	27	28	29	30
31						

June

S	M	T	W	T	F	S
	1	2	3	4	5	6
7	8	9	10	11	12	13
14	15	16	17	18	19	20
21	22	23	24	25	26	27
28	29	30				

July

S	M	T	W	T	F	S
			1	2	3	4
5	6	7	8	9	10	11
12	13	14	15	16	17	18
19	20	21	22	23	24	25
26	27	28	29	30	31	

August

S	M	T	W	T	F	S
						1
2	3	4	5	6	7	8
9	10	11	12	13	14	15
16	17	18	19	20	21	22
23	24	25	26	27	28	29
30	31					

September

S	M	T	W	T	F	S
		1	2	3	4	5
6	7	8	9	10	11	12
13	14	15	16	17	18	19
20	21	22	23	24	25	26
27	28	29	30			

October

S	M	T	W	T	F	S
				1	2	3
4	5	6	7	8	9	10
11	12	13	14	15	16	17
18	19	20	21	22	23	24
25	26	27	28	29	30	31

November

S	M	T	W	T	F	S
1	2	3	4	5	6	7
8	9	10	11	12	13	14
15	16	17	18	19	20	21
22	23	24	25	26	27	28
29	30					

December

S	M	T	W	T	F	S
		1	2	3	4	5
6	7	8	9	10	11	12
13	14	15	16	17	18	19
20	21	22	23	24	25	26
27	28	29	30	31		

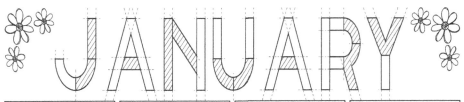

Sunday	Monday	Tuesday	Wednesday
January S M T W T F S 1 2 3 4 5 6 7 8 9 10 11 12 13 14 15 16 17 18 19 20 21 22 23 24 25 26 27 28 29 30 31			
4	5	6	7
11	12	13	14
18	19 Martin Luther King Day	20	21
25	26	27	28

"Better to remain silent and be thought a fool
than to speak out and remove all doubt
— Abraham Lincoln

Thursday	Friday	Saturday	Month's Focus
1 New Year's Day	2	3	....
8	9	10	....
15	16	17	....
			To Do List
22	23	24	....
29	30	31	....

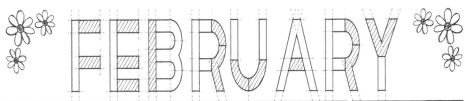

FEBRUARY

Sunday	Monday	Tuesday	Wednesday
1 First Day of Black History Month	2	3	4
8	9	10	11
15	16 Presidents' Day	17	18
22	23	24	25

"Light travels faster than sound.
This is why some people appear bright until you hear them speak."
— Alan Dundes

Thursday	Friday	Saturday	Month's Focus
5	6	7	....
12	13	14 Valentine's Day	....
19	20	21	....
			To Do List
26	27	28	....
		February	....

February

S	M	T	W	T	F	S
1	2	3	4	5	6	7
8	9	10	11	12	13	14
15	16	17	18	19	20	21
22	23	24	25	26	27	28

MARCH

Sunday	Monday	Tuesday	Wednesday
1 First Day of Women's History Month	2	3	4
8	9	10	11
15	16	17 St. Patrick's Day	18
22	23	24	25
29	30	31	

"Nobody realizes that some people expend
tremendous energy merely to be normal."
— Albert Camus

Thursday	Friday	Saturday	Month's Focus
5	6	7	....
12	13	14	....
19	20	21	....
			To Do List
26	27	28	....
		March	....

March

S	M	T	W	T	F	S
1	2	3	4	5	6	7
8	9	10	11	12	13	14
15	16	17	18	19	20	21
22	23	24	25	26	27	28
29	30	31				

APRIL
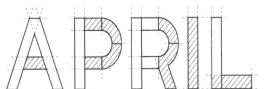
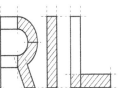

Sunday	Monday	Tuesday	Wednesday
April S M T W T F S 　　　1 2 3 4 5 6 7 8 9 10 11 12 13 14 15 16 17 18 19 20 21 22 23 24 25 26 27 28 29 30			1
5 Easter Sunday	6 Easter Monday	7	8
12	13	14	15 Tax Day
19	20	21	22
26	27	28	29

"The difference between stupidity and genius
is that genius has its limits."
— Albert Einstein

Thursday	Friday	Saturday	Month's Focus
2	3	4	....
			....
			....
			....
			....
			....
9	10	11	....
			....
			....
			....
			....
			....
			....
16	17	18	....
			....
			....

To Do List

Thursday	Friday	Saturday	
23	24	25	....
			....
			....
			....
			....
			....
30			....
			....
			....
			....
			....
			....

MAY

Sunday	Monday	Tuesday	Wednesday
May S M T W T F S 1 2 3 4 5 6 7 8 9 10 11 12 13 14 15 16 17 18 19 20 21 22 23 24 25 26 27 28 29 30 31			
3	4	5 Cinco de Mayo	6
10 Mother's Day	11	12	13
17	18	19	20
24 31	25 Memorial Day	26	27

"All the things I really like to do are either immoral, illegal or fattening."
— Alexander Woollcott

Thursday	Friday	Saturday	Month's Focus
	1	2	....
7	8	9	....
14	15	16	....
			To Do List
21	22	23	....
28	29	30	....

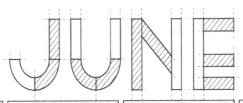

JUNE

Sunday	Monday	Tuesday	Wednesday
June S M T W T F S 1 2 3 4 5 6 7 8 9 10 11 12 13 14 15 16 17 18 19 20 21 22 23 24 25 26 27 28 29 30	1	2	3
7	8	9	10
14	15	16	17
21 Father's Day	22	23	24
28	29	30	

"When the going gets tough, the tough get going."
— Joe Kennedy

Thursday	Friday	Saturday	Month's Focus
4	5	6	....
11	12	13	....
18	19	20	....
	Juneteenth		**To Do List**
25	26	27	....
			....

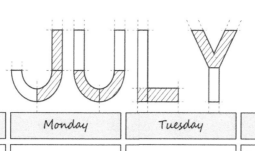

JULY

Sunday	Monday	Tuesday	Wednesday
July S M T W T F S 1 2 3 4 5 6 7 8 9 10 11 12 13 14 15 16 17 18 19 20 21 22 23 24 25 26 27 28 29 30 31			1
5	6	7	8
12	13	14	15
19	20	21	22
26	27	28	29

"The average dog is a nicer person
than the average person."
— Andy Rooney

Thursday	Friday	Saturday	Month's Focus
2	3	4 Independence Day	....
9	10	11	....
16	17	18	....
			To Do List
23	24	25	....
30	31		....

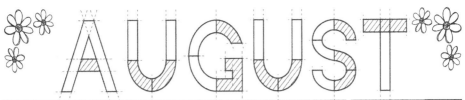

AUGUST

Sunday	Monday	Tuesday	Wednesday
August S M T W T F S 1 2 3 4 5 6 7 8 9 10 11 12 13 14 15 16 17 18 19 20 21 22 23 24 25 26 27 28 29 30 31			
2	3	4	5
9	10	11	12
16	17	18	19
23 30	24	25	26

"Opportunities don't happen, you create them."
— Chris Grosser

Thursday	Friday	Saturday	Month's Focus
		1	....
6	7	8	....
13	14	15	....
			To Do List
20	21	22	....
27	28	29	....

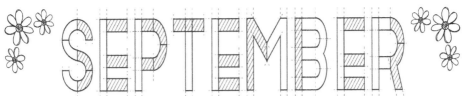

SEPTEMBER

Sunday	Monday	Tuesday	Wednesday
September S M T W T F S 1 2 3 4 5 6 7 8 9 10 11 12 13 14 15 16 17 18 19 20 21 22 23 24 25 26 27 28 29 30		1	2
6	7 Labor Day	8	9
13	14	15	16
20	21	22	23
27	28	29	30

"To be sure of hitting the target, shoot first,
and call whatever you hit the target."
— Ashleigh Brilliant

Thursday	Friday	Saturday	Month's Focus
3	4	5	....
10	11	12	....
17	18	19	....
			To Do List
24	25	26	....
			....

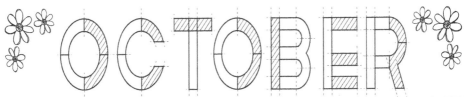

OCTOBER

Sunday	Monday	Tuesday	Wednesday
October S M T W T F S 1 2 3 4 5 6 7 8 9 10 11 12 13 14 15 16 17 18 19 20 21 22 23 24 25 26 27 28 29 30 31			
4	5	6	7
11	12 Columbus Day	13	14
18	19	20	21
25	26	27	28

"We are what we repeatedly do. Excellence,
then, is not an act, but a habit."
— Aristotle

Thursday	Friday	Saturday	Month's Focus
1	2	3	....
8	9	10	....
15	16	17	....
			To Do List
22	23	24	....
29	30	31 Halloween	....

NOVEMBER

Sunday	Monday	Tuesday	Wednesday
1	2	3 Election Day	4
8	9	10	11 Veterans Day
15	16	17	18
22	23	24	25
29	30		

"Trouble knocked at the door, but,
hearing laughter, hurried away."
— Benjamin Franklin

Thursday	Friday	Saturday	Month's Focus
5	6	7	....
12	13	14	....
19	20	21	....

To Do List

26	27	28	....
Thanksgiving Day	Black Friday Native American Heritage Day		....

November

S	M	T	W	T	F	S
1	2	3	4	5	6	7
8	9	10	11	12	13	14
15	16	17	18	19	20	21
22	23	24	25	26	27	28
29	30					

DECEMBER

Sunday	Monday	Tuesday	Wednesday
December S M T W T F S 1 2 3 4 5 6 7 8 9 10 11 12 13 14 15 16 17 18 19 20 21 22 23 24 25 26 27 28 29 30 31		1	2
6	7	8	9
13	14	15	16
20	21	22	23
27	28	29	30

"It is during our darkest moments that
we must focus to see the light."
— Aristotle Onassis

Thursday	Friday	Saturday	Month's Focus
3	4	5	....
10	11	12	....
17	18	19	....
			To Do List
24	25 Christmas	26	....
31 New Year's Eve			....